Erzähl mir dein Leben OPA

Ich will alles von dir wissen

Original Erstausgabe April 2022

Hirn Helden

Inhaltsverzeichnis

Dieses Buch erzählt das Leben von:

____

übrigens dem besten OPA der Welt!

Lieber Opa, die heutige Zeit ist so schnelllebig.

Schon in Mamas und Papas Zeit war alles anders.

Aber ich will deine Zeit kennenlernen.

Erzähl mir ALLES aus deinem Leben!

Deine Kindheit

Geboren werden heißt nicht, auf die Welt zu kommen. Geboren werden heißt, ins Leben zu kommen.

MICHEL HENRY

KLEBE EIN FOTO AUS DEINER KINDHEIT EIN

Der Tag deiner Geburt: Datum, Ort, Anekdote ...

Wie heißen deine Eltern? Wie lautet deren Geschichte, wie haben Sie sich kennengelernt ?

Hast du Geschwister ? Dann schreibe ihre Vornamen, ihr Geburtsdatum und ihre wichtigsten Charaktereigenschaften auf. Wenn du keine Geschwister hast, hättest du dir gewünscht, welche zu haben? Erkläre, warum.

Hast du ein besonderes Merkmal, das dich auszeichnet? Beschreibe dich körperlich.

Woher stammt der Ursprung deines Vornamens? Warum haben deine Eltern dich so genannt?

Hast du Spitznamen?

Welche Anekdote aus deiner Kindheit, an die du dich nicht erinnerst, die dir aber erzählt wurde, hat dich geprägt?

Welche Anekdote aus deiner Kindheit, an die du dich diesmal erinnerst, ist dir besonders in Erinnerung geblieben?

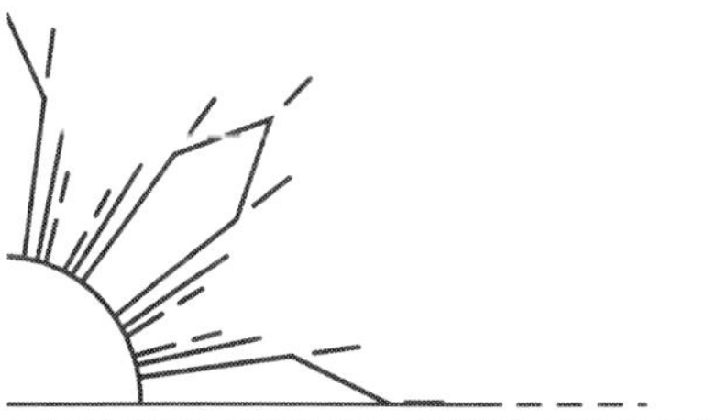

Erzähle mir von dem Haus (oder den Häusern), in dem (denen) du aufgewachsen bist. Wie waren die Nachbarn? Was gab es in der Umgebung ?

Was für ein Schüler warst du? Was waren deine Leidenschaften? Deine Träume?

Wer waren deine besten Freunde? Siehst du sie heute noch?

Hattest du Haustiere? Wenn ja, wie hießen sie?

Was wolltest du damals einmal beruflich machen?

Wie oft bist du in den Urlaub gefahren? Wohin? Erzähle mir eine Sommererinnerung!

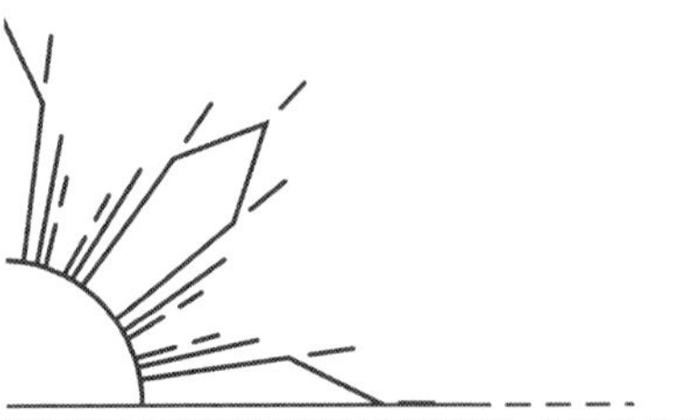

Was ist deine schönste Kindheitserinnerung?

Was ist deine schlimmste Kindheitserinnerung?

Was war dein Lieblingsessen, das von deinen Eltern zubereitet wurde? Erinnerst du dich auch an das Essen bei deinen Großeltern?

Was war deine größte körperliche Verletzung als Kind und wie kam es dazu?

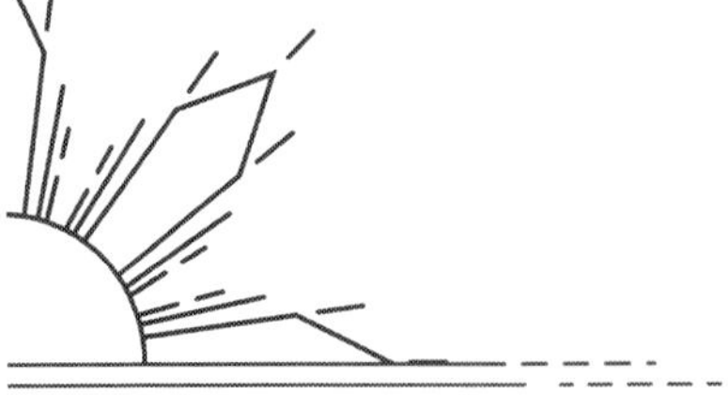

Was hast du in deiner Kindheit über das Leben gelernt, das du mir weitergeben möchtest?

Erzähl mir deine schönste Weihnachtserinnerung

DEINE VORLIEBEN AUS DER KINDHEIT

LIEBLINGSFILM DEINER KINDHEIT

LIEBLINGSMUSIK DEINER KINDHEIT

DEIN LEIBGERICHT (Vorspeise + Hauptgericht + Dessert)

LIEBLINGSBESCHÄFTIGUNG

LIEBLINGSSCHAUSPIELER

ETWAS FREIER PLATZ FÜR WEITERE ERINNERUNGEN...

DIE TOP 10
DER

Dinge, die man in der Kindheit tun sollte

1

2

3

4

5

6

7

8

9

10

DIE TOP 10
DER
Dummheiten, die man nicht machen sollte

1

2

3

4

5

6

7

8

9

10

Hast du noch etwas vergessen ?

Erzähl mir die Geschichte unserer Familie

Zeichne hier unseren Stammbaum

Zeichne hier unseren Stammbaum

Zeichne hier unseren Stammbaum

Zeichne hier unseren Stammbaum

Deine Jugend

Die Jugend ist die einzige Zeit, in der man etwas gelernt hat.

MARCEL PROUST

KLEBE HIER EIN FOTO HIER AUS DEINER JUGEND EIN

Wie hast du dich gekleidet? Was war dein Stil?

Welche Konflikte gab es mit deinen Eltern?

Erzähl mir mit Anekdoten aus deiner Teenagerzeit

Erzähl mir deine lustigste Erinnerung aus dieser Zeit

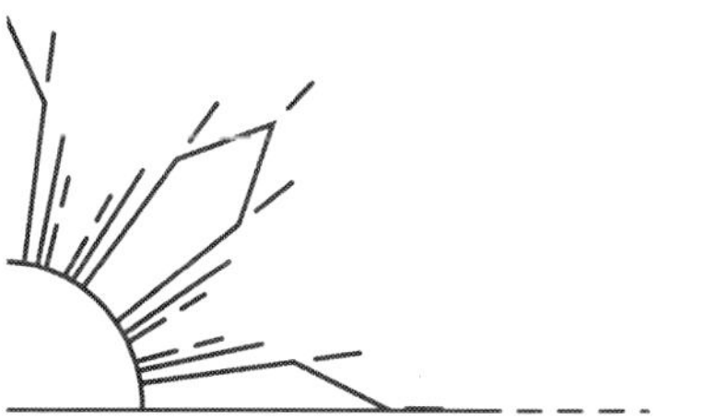

Erzähl mir von deinem ersten Kuss

Erzähl mir von deiner ersten Liebe

Was war dein größter Kummer?

Wenn es kein Liebeskummer war, erzähl mir, wie du deinen ersten Liebeskummer erlebt hast

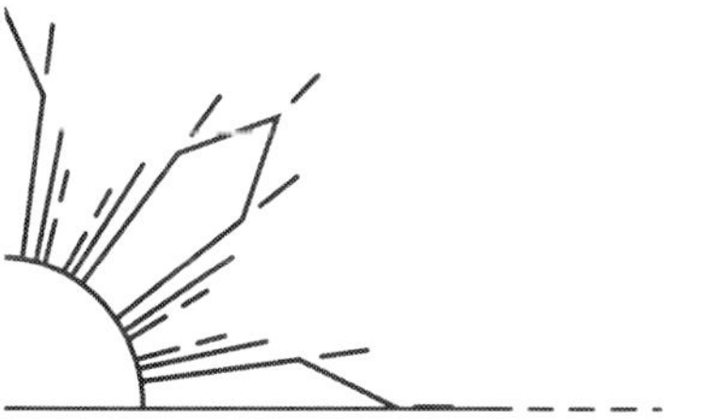

Hattest du Komplexe wegen deines Aussehens? Gefielst du den Mädels?

Was war die verrückteste Sache, die du als Teenager gemacht hast?

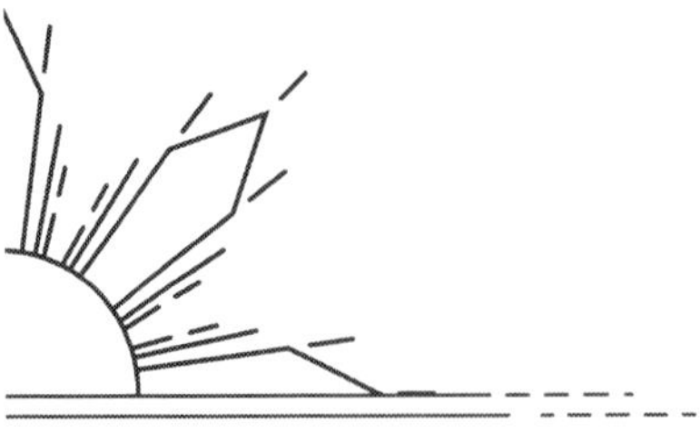

Hast du als Teenager Dinge getan, auf die du nicht stolz bist?

Welche Ereignisse (politische, kulturelle oder andere) haben dich in dieser Zeit geprägt?

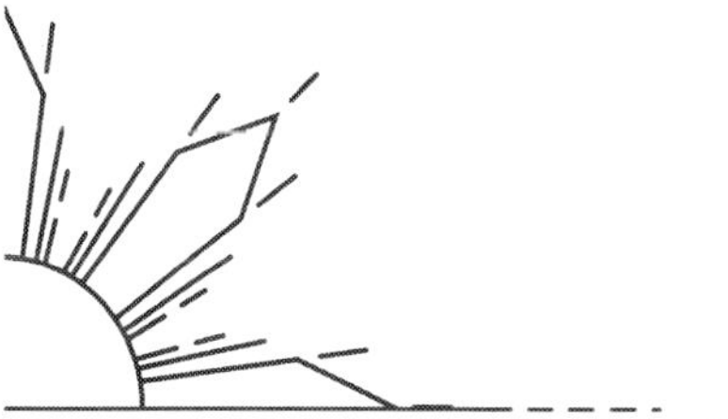

Was waren deine Ängste? Was waren deine Befürchtungen? Sind sie heute noch vorhanden?

Was hast du im Unterricht gelernt, woran du dich immer erinnern kannst?

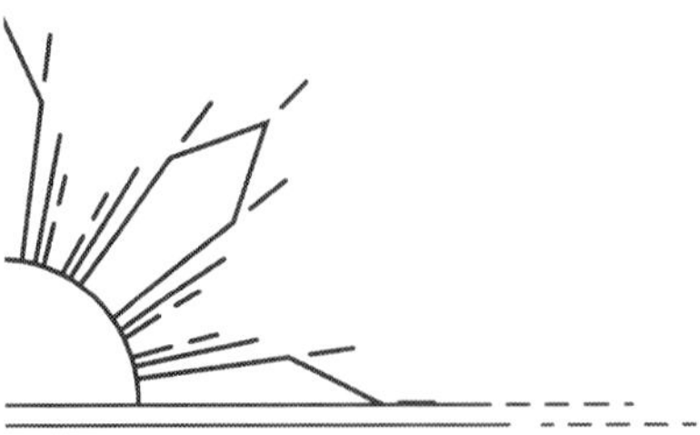

Was ist deine schönste Erinnerung an die Mittel- / Oberstufe?

Umgekehrt, deine schlimmste Erinnerung an die Mittelschule / das Gymnasium?

Was waren deine schönsten Ferien als Teenager?

Was waren deine schlimmsten Ferien als Teenager?

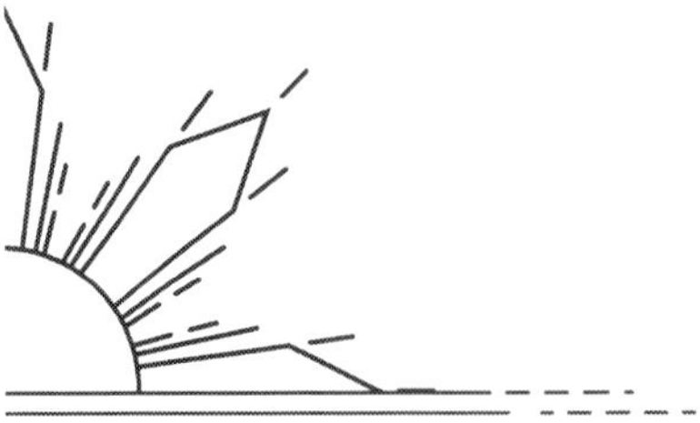

Erzähle mir die peinlichste deiner Erinnerungen

Was waren deine Hobbys? Hast du Wettkämpfe oder Wettbewerbe gewonnen?

DIE VORLIEBEN DEINER JUGEND

LIEBLINGSFILM DEINER TEENAGERZEIT

LIEBLINGSMUSIK AUS DEINER TEENAGERZEIT

LEIBGERICHT (Vorspeise + Hauptgericht + Dessert)

LIEBLINGSBESCHÄFTIGUNG

DEIN WEIBLICHES VORBILD

FREIER PLATZ FÜR WEITERE ERINNERUNGEN

DIE TOP 10 DER

tipps zum durchstehen der jugendzeit

1

2

3

4

5

6

7

8

9

10

DIE TOP 10
DER
Fehler, die nicht wiederholt werden dürfen

1

2

3

4

5

6

7

8

9

10

Hast du noch etwas vergessen ?

Dein Leben als Erwachsener

Das Erwachsenenalter ist das eigentliche Alter
der Anpassung. Reifung bedeutet, seinen Platz in der Welt zu finden.

EMMANUEL MOUNIER

KLEBE HIER EIN FOTO AUS DEM ERWACHSENENALTER EIN

Hast du eine höhere Schule besucht?

Welche(n) Beruf(e) hast du ausgeübt?

Was war deine größte Freude?

Was war dein größter Schmerz?

Was war die größte Schwierigkeit, der du begegnet bist, und wie hast du sie überwunden?

Beschreibe deine Arbeit. Was mochtest du an ihr und was nicht ?

Wie hast du meine Großmutter kennengelernt? Erzähle mir eure Geschichte!

Hattest du während deines Erwachsenenlebens Haustiere?
Wenn ja welche und wieviele?

In welchem Alter bist du Vater geworden? Warum habt ihr euch entschieden, ein oder mehrere Kinder zu bekommen?

Nach welchen Kriterien hast du die Vornamen deiner Kinder ausgewählt?

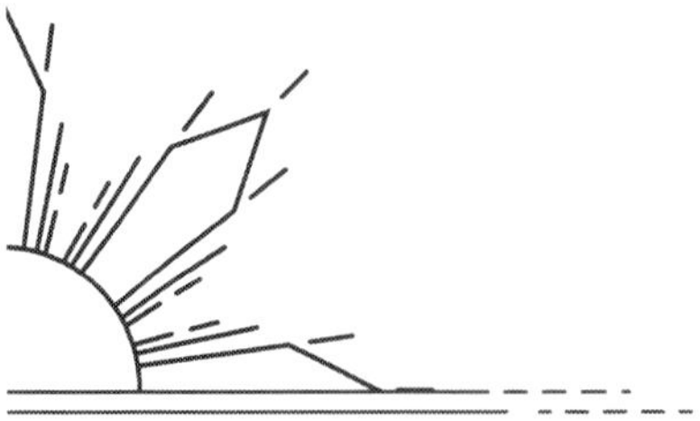

Bist du viel gereist? Erzähle mir von deiner schönsten Reise!

Was ist das Überraschendste, das du in deinem Erwachsenenleben gesehen/gehört hast?

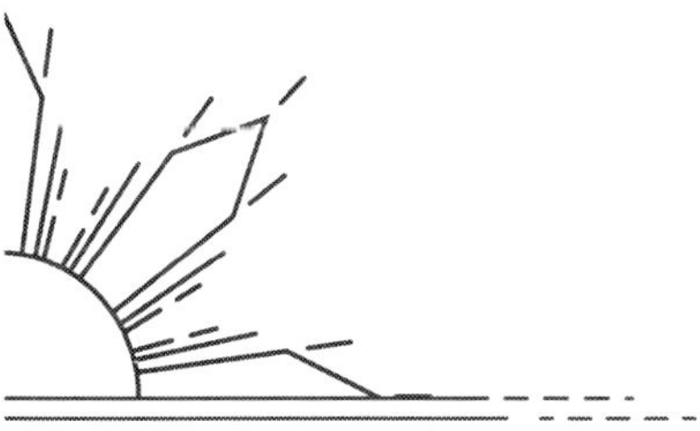

Welche Begegnung hat dich am meisten beeindruckt, abgesehen von der Person, in die du dich verliebt hast?

Wann bist du wirklich erwachsen geworden?

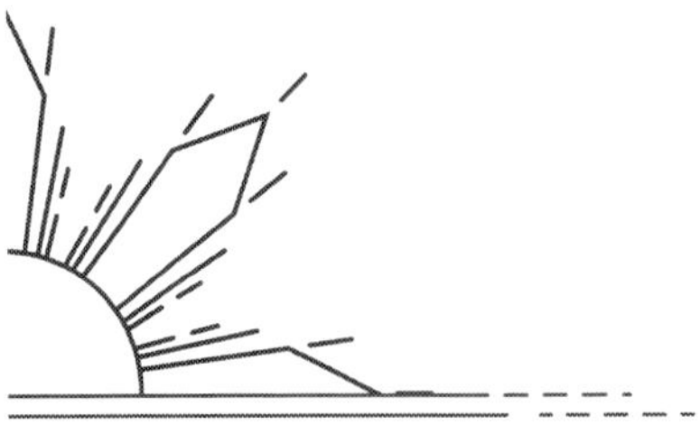

Welche Lehren aus deinem Leben als Erwachsener möchtest du mir vermitteln?

DEINE VORLIEBEN ALS ERWACHSENER

LIEBLINGSFILM ALS ERWACHSENER

LIEBLINGSMUSIK ALS ERWACHSENER

LEIBGERICHT (Vorspeise + Hauptgericht + Dessert)

LIEBLINGSBESCHÄFTIGUNG

DIE PERSON, DIE DICH AM MEISTEN INSPIRIERT HAT

FREIER PLATZ FÜR WEITERE GEDANKEN

DIE TOP 10 DER

klugen Ratschläge zum Erwachsenwerden

1

2

3

4

5

6

7

8

9

10

DIE TOP 10
DER
zu vermeidende

Stolpersteine

1

2

3

4

5

6

7

8

9

10

Hast du noch etwas vergessen ?

Deine alten Tage

Wenn die Jugend wüsste, wenn das Alter könnte.

HENRI ESTIENNE

KLEBE HIER EIN FOTO VON HEUTE EIN

Wie erlebst du die Tatsache, dass du im Ruhestand bist?

Ist es schwer, älter zu werden? Was sind die Vor- und Nachteile?

Bereust du etwas?

Hast du Schuldgefühle?

Was machst du den ganzen Tag? Was sind deine Hobbys?

Glaubst du noch an die Liebe?

Was ist deine schönste Erinnerung in all den Jahren?

Gibt es Gedanken, die du als junger Mensch über ältere Menschen hattest, die dich heute denken lassen, dass du jung und dumm warst?

Hast du dein ganzes Leben lang ein Geheimnis bewahrt, das du mir jetzt offenbaren möchtest?

Glaubst du an ein Leben nach dem Tod?

Wenn du heute sterben müsstest, wie würdest du deine Beerdigung gestalten wollen? Was würdest du tragen wollen? Was würdest du wollen, dass wir tun?

Wo würdest du deinen Lebensabend idealerweise verbringen wollen?

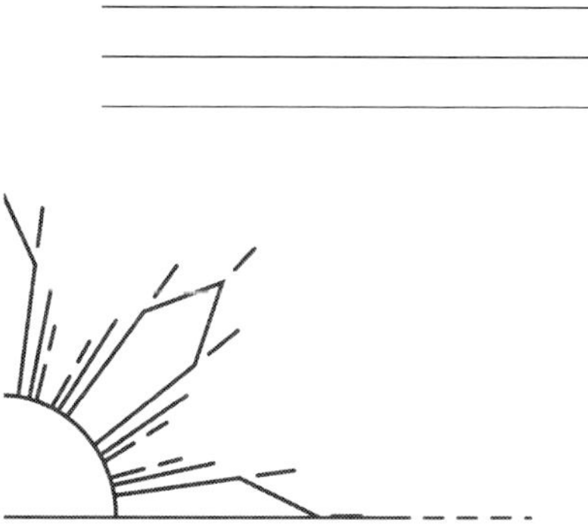

Hast du nach all diesen Jahren einen Sinn im Leben gefunden?

Was hat dich das Alter letztendlich gelehrt?

DEINE VORLIEBEN ALS GROSSVATER

LIEBLINGSFILM IM ALTER

LIEBLINGSMUSIK IM ALTER

LEIBGERICHT (Vorspeise + Hauptgericht + Dessert)

LIEBLINGSAKTIVITÄT

DIE PERSON, DIE DU AM MEISTEN VERMISST

FREIER PLATZ FÜR DEINE GEDANKEN

DIE TOP 10
DER
Dinge, die Sie tun können, bevor es zu spät ist

1

2

3

4

5

6

7

8

9

10

DIE TOP 10
DER
Dinge, die du bereust

1

2

3

4

5

6

7

8

9

10

Hast du noch etwas vergessen ?

Rezepte **Projekte**

Geschäfte

Anhänge

Lieblings.....

Bücher , Kunstwerke, Düfte, Orte, Zitate.......

Rezepte

62

FAMILIEN REZEPTE

NAME DES REZEPTS

FÜR WIEVIELE PERSONEN

VORBEREITUNGS ZEIT

KOCHDAUER

NOTIZEN

ZUTATEN

ANLEITUNG

FAMILIEN REZEPTE

ZUTATEN

NAME DES REZEPTS

ANLEITUNG

FÜR WIEVIELE PERSONEN

VORBEREITUNGS ZEIT

KOCHDAUER

NOTIZEN

FAMILIEN REZEPTE

NAME DES REZEPTS

FÜR WIEVIELE PERSONEN

VORBEREITUNGS ZEIT

KOCHDAUER

NOTIZEN

ZUTATEN

ANLEITUNG

FAMILIEN REZEPTE

NAME DES REZEPTS

FÜR WIEVIELE PERSONEN

VORBEREITUNGS ZEIT

KOCHDAUER

NOTIZEN

ZUTATEN

ANLEITUNG

GESCHÄFTS IDEEN

BRANCHE

NAME DER IDEE

WIEVIELE PERSONEN NÖTIG

PLANUNGSZEIT

WIE SCHNELL KANN MAN STARTEN

NOTIZEN

ANLEITUNG

GESCHÄFTS IDEEN

BRANCHE

NAME DER IDEE

WIEVIELE PERSONEN NÖTIG

ANLEITUNG

PLANUNGSZEIT

WIE SCHNELL KANN MAN STARTEN

NOTIZEN

GESCHÄFTS IDEEN

BRANCHE

NAME DER IDEE

WIEVIELE PERSONEN NÖTIG

ANLEITUNG

PLANUNGSZEIT

WIE SCHNELL KANN MAN STARTEN

NOTIZEN

GESCHÄFTS IDEEN

BRANCHE

NAME DER IDEE

WIEVIELE PERSONEN NÖTIG

PLANUNGSZEIT

WIE SCHNELL KANN MAN STARTEN

NOTIZEN

ANLEITUNG

HEIMWERKER PROJEKTE

NAME DES PROJEKTS

FÜR WIEVIELE PERSONEN

VORBEREITUNGS ZEIT

HERSTELLUNGSDAUER

NOTIZEN

MATERIALIEN

ANLEITUNG

HEIMWERKER PROJEKTE

NAME DES PROJEKTS

FÜR WIEVIELE PERSONEN

VORBEREITUNGS ZEIT

HERSTELLUNGSDAUER

NOTIZEN

MATERIALIEN

ANLEITUNG

HEIMWERKER PROJEKTE

NAME DES PROJEKTS

FÜR WIEVIELE PERSONEN

VORBEREITUNGS ZEIT

HERSTELLUNGSDAUER

NOTIZEN

MATERIALIEN

ANLEITUNG

HEIMWERKER PROJEKTE

NAME DES PROJEKTS

FÜR WIEVIELE PERSONEN

VORBEREITUNGS ZEIT

HERSTELLUNGSDAUER

NOTIZEN

MATERIALIEN

ANLEITUNG

HEIMWERKER PROJEKTE

MATERIALIEN

NAME DES PROJEKTS

FÜR WIEVIELE PERSONEN

ANLEITUNG

VORBEREITUNGS ZEIT

HERSTELLUNGSDAUER

NOTIZEN

deine Lieblings...

Deine Lieblingsbücher

SAG MIR, WARUM MAN SIE LESEN SOLLTE

BUCH **01**

BUCH **02**

BUCH **03**

BUCH **04**

BUCH **05**

Deine liebsten Kunstwerke

SAG MIR, WARUM DU SIE LIEBST

KUNST
WERK
01

KUNST
WERK
02

KUNST
WERK
03

KUNST
WERK
04

KUNST
WERK
05

Deine Lieblingsdüfte

SAG MIR, WARUM DU SIE LIEBST

DUFT
01

DUFT
02

DUFT
03

DUFT
04

DUFT
05

Deine liebsten Orte /Gegenden

SAG MIR, WARUM DU SIE LIEBST

ORT
01

ORT
02

ORT
03

ORT
04

ORT
05

Deine Lieblingszitate

SAG MIR, WARUM DU SIE LIEBST

ZITAT
01

ZITAT
02

ZITAT
03

ZITAT
04

ZITAT
05

Deine Lieblingsfilme

SAG MIR, WARUM DU SIE LIEBST

FILM
01

FILM
02

FILM
03

FILM
04

FILM
05

Schreibe mir einen Brief

DATUM :

Brief an meine Enkel

DATUM :

Brief an meine Enkel

DATUM :

Brief an meine Enkel

DATUM :

Brief an meine Enkel

DATUM :

Brief an meine Enkel

Fotos

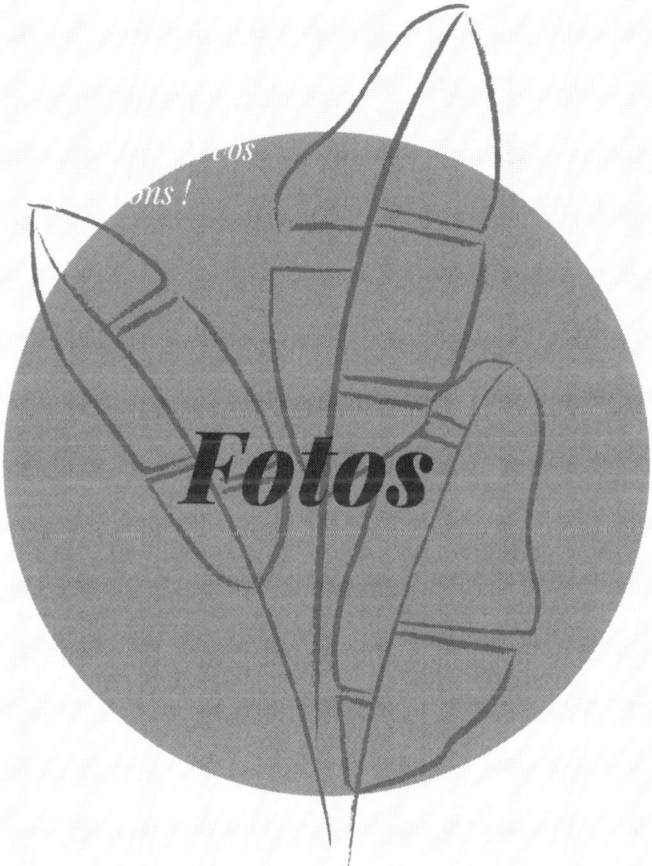

Klebe ein
unvergessliches Foto ein

Klebe ein
unvergessliches Foto ein

Klebe ein
unvergessliches Foto ein

Klebe ein
unvergessliches Foto ein

Klebe ein
unvergessliches Foto ein

Klebe ein unvergessliches Foto ein

Klebe ein
unvergessliches Foto ein

Klebe ein
unvergessliches Foto ein

Klebe ein
unvergessliches Foto ein

Klebe ein unvergessliches Foto ein

Klebe ein
unvergessliches Foto ein

Klebe ein
unvergessliches Foto ein

Freier Raum für Kreativität

Freier Raum für Kreativität

Freier Raum für Kreativität

Freier Raum für Kreativität

Freier Raum für Kreativität

Freier Raum für Kreativität

Freier Raum für Kreativität

Freier Raum für Kreativität

Freier Raum für Kreativität

Freier Raum für Kreativität

Freier Raum für Kreativität

Freier Raum für Kreativität

Freier Raum für Kreativität

Freier Raum für Kreativität

Zum Autorenteam

Hirn Helden

Gestatten Wir sind die Hirn Helden. Wir hoffen Sie hatten viel Spaß mit diesem Buch. Viel mehr natürlich mit Ihren Enkelkindern. In der Regel erstellen wir Bücher mit Gedächtnisübungen und Rätseln. Allerdings haben Sie auf Ihrer Reise in die Vergangenheit irgendwie ja auch ihr Langzeitgedächtnis trainiert.

Wir sind ein Team von Pädagogen, Designern und Pflegekräften. Wir entwickeln Rätsel und Denksportübungen für alle Altersklassen:

- Kinder
- Jugendliche
- Erwachsene
- Rentner
- Senioren

Wir wollen jeden animieren neben der körperlichen auch auf die geistige Fitness zu achten.

Sind Sie also auf der Suche nach Beschäftigung, Gehirnjogging oder Gedächtnistraining dann sind wir ihr Ansprechpartner.

Rechtliches

Haftungsausschluss und Urheberrecht

Impressum

Hirn Helden

werden vertreten durch

Julia Rose

c/o Block Services
Stuttgarter Str. 106
70736 Fellbach

Printed in Germany
by Amazon Distribution
GmbH, Leipzig

26237946R00070